ESSAI

SUR LES PRINCIPES

D'UNE

NOUVELLE TACTIQUE

BASÉE SUR LA PUISSANCE ACTUELLE

DES ARMES A FEU

PAR

M. RENUCCI

CAPITAINE AU 2ᵉ DE LIGNE

TOURS	PARIS
GEOLSEREZ, LIBRAIRE	DUMAINE, LIBRAIRE
Rue de l'Intendance, 16.	Rue Dauphine.

1870

ESSAI

SUR LES PRINCIPES

D'UNE

NOUVELLE TACTIQUE

BASÉE SUR LA PUISSANCE ACTUELLE

DES ARMES A FEU

ESSAI

SUR LES PRINCIPES

D'UNE

NOUVELLE TACTIQUE

BASÉE SUR LA PUISSANCE ACTUELLE

DES ARMES A FEU

PAR

M. RENUCCI

CAPITAINE AU 2ᵉ DE LIGNE.

TOURS	PARIS
J. BOUSEREZ, LIBRAIRE	DUMAINE, LIBRAIRE
Rue de l'Intendance, 16.	Rue Dauphine.

1870

TABLE DES MATIÈRES.

ESSAI

SUR LES PRINCIPES

D'UNE

NOUVELLE TACTIQUE

BASÉE SUR LA PUISSANCE ACTUELLE

DES ARMES A FEU

I

De la valeur tactique de nos manœuvres réglementaires.

Voici ce que j'écrivais en 1864, c'est-à-dire avant l'adoption du fusil à aiguille, dans un travail d'inspection générale :

« La meilleure condamnation de nos manœuvres
« théoriques, c'est qu'on ne les a jamais appliquées que
« sur le champ de Mars. Les a-t-on appliquées, même
« approximativement, dans les guerres d'Afrique, de
« Crimée, d'Italie, de Chine, du Mexique ?

« D'un autre côté, prenez deux régiments, un régi-
« ment rentrant de campagne et un régiment parfai-
« tement instruit en garnison, et soumettez-les tout

« à coup à une inspection générale. Le régiment de
« garnison brillera. Quant au régiment venant de
« faire la guerre, il ne saura rien : mauvais port
« d'arme, mauvais maniement des armes, mauvais
« alignements, ni cadence, ni régularité dans le pas,
« aucune précision dans les manœuvres ; instruction
« théorique des officiers mauvaise, instruction théori-
« que et pratique des sous-officiers et caporaux pres-
« que nulle. Mais mettez ces mêmes régiments en face
« de l'ennemi, les rôles changent. Le régiment de
« campagne déploira un savoir faire et une puissance
« d'action que le régiment instruit sera loin d'atteindre.

« Donnez à un général qui va entrer en campagne
« la liberté de choisir entre ces deux régiments, il
« prendra le régiment qui ne sait rien, et laissera le
« régiment instruit. Preuve que la vertu militaire de
« nos manœuvres théoriques est fort douteuse et fort
« suspecte.

« Une dernière considération sur ces manœuvres.
« Je suppose qu'un général commande une colonne de
« huit ou de tel nombre de bataillons que ce soit
« (les n° 2 et 4 des évolutions de ligne consacrent
« cette hypothèse) et qu'il la forme en bataille d'après
« les prescriptions de ces manœuvres, en face de l'en-
« nemi.

« Je fais abstraction de toutes les difficultés d'exécu-
« tion et du temps employé, et je suppose que le chef-
« d'œuvre des évolutions de ligne est réalisé. Les points
« extrêmes de la ligne de bataille sont les clochers X
« et Y, et les troupes sont parfaitement placées sur

« cette ligne. L'alignement de chaque bataillon est
« irréprochable, et les intervalles réglementaires· ont
« été pris partout avec la plus rigoureuse exactitude.
« L'ennemi s'avance ; on va le recevoir dans cette
« position, et on l'attend de pied ferme.

   « Eh bien ! au point de vue de l'art militaire, cette
« ligne de bataille n'est qu'une grossière absurdité.

  « Supposez qu'un général vrai tacticien soit ap-
« pelé à remplacer le général des évolutions de ligne
« dans le commandement des troupes. Que fera-t-il ?
« Il parcourra la ligne de bataille, il examinera quelles
« sont les propriétés militaires du terrain, et il dis-
« posera ses troupes d'après ces propriétés. Il dira à
« un bataillon : Vous avez un fossé à cinquante mètres
« devant vous, allez vous y placer. Il dira à un autre
« bataillon : Il y a une ferme avec des clôtures à
« soixante mètres derrière vous, allez l'occuper. Il dira
« à un troisième bataillon : Allez vous placer derrière
« cette haie, ou allez vous embusquer dans ce petit
« bois. Il dira à un régiment ou à une brigade : Voilà
« un mamelon qui est devant vous, portez-vous-y, et
« occupez-le suivant le développement de la crête mi-
« litaire, et ainsi de suite.

   « Le général vrai tacticien détruira donc de fond en
« comble l'édifice du général des évolutions de ligne ;
« il mettra de côté la ligne de bataille mathéma-
« tique, prescrite par le règlement, et s'attachera
« à réaliser la ligne de bataille tactique, celle qu'im-
« pose la nature du terrain. Dans cette dernière, il
« n'est plus question ni d'intervalles, ni d'aligne-

« ments, ni de tact des coudes. Elle sera tantôt droite,
« tantôt courbe, tantôt brisée, et son développement
« ne présentera qu'une série de zig-zags. Il valait bien
« la peine de tant jalonner et de si bien aligner !

« S'il est vrai qu'à la guerre, les troupes doivent
« être disposées d'après la ligne de bataille tactique et
« non d'après la ligne de bataille mathémathique, il
« en résulte que nos évolutions de ligne, qui considè-
« rent toujours celle-ci et jamais celle-là, donnent
« un enseignement militaire faux, et, ce qui est
« plus grave, le prescrivent avec l'autorité réglemen-
« taire.

« On répond à cela que personne à la guerre ne
« s'attache à établir les troupes en ligne droite, et que
« chacun les dispose suivant les avantages que pré
« sente le terrain.

« C'est vrai ; mais c'est convenir qu'à la guerre,
« personne ne s'avise d'appliquer nos manœuvres, car
« elles aboutissent toujours à un déploiement en ligne
« droite.

« Et si elles restent sans application à la guerre,
« pourquoi s'en occuper tant en garnison ?

« Pourquoi s'attacher tant à une arme qui ne man-
« que jamais de rater au moment du danger ?

« Ajoutez que les marches et les dispositions com-
« passées qui caractérisent ces manœuvres sont im-
« praticables dans les terrains accidentés du champ de
« bataille.

« Je porte le jugement suivant sur nos manœuvres
« réglementaires :

« Une méticuleuse réglementation de minuties,
« dans une préoccupation exagérée de parade.

« But militaire complétement manqué, parce que,
« pour les trois quarts au moins de ce que ces
« manœuvres prescrivent, il n'y a ni praticabilité, ni
« fin utile à la guerre.

« On dirait qu'en les faisant on a eu constamment
« sous les yeux l'étendue et l'uniformité du champ de
« Mars, et jamais l'étendue et les réalités du champ de
« bataille. »

J'ajoute aujourd'hui :

La justesse, la portée et la rapidité du tir des armes
actuelles ne permettent plus de manœuvrer à portée
du feu de l'ennemi, ni avec des colonnes, ni avec des
lignes pleines.

C'est dire que toutes les manœuvres de l'école de
bataillon et des évolutions de ligne doivent être
abandonnées, en tant que manœuvres de combat,
en tant que moyens d'action sous le feu de l'ennemi.

Une partie de ces manœuvres pourra être conservée,
si l'on veut, comme manœuvre de parade. Une autre
partie, débarrassée des superfluités qui la compliquent,
devra être conservée comme mécanismes de marches,
de rassemblements et de déploiements, c'est-à-dire
comme moyens de manier et de disposer diversement
les troupes en dehors de la sphère d'action du feu de
l'ennemi. Les manœuvres qui ne répondent ni à l'une
ni à l'autre de ces deux destinations, et c'est la ma-
jeure partie, peuvent être abandonnées.

La puissance meurtrière des nouvelles armes à feu

exige que toutes les manœuvres de combat soient désormais basées sur l'ordre en tirailleurs.

A ceux qui trouveraient cette critique exagérée, je leur conseillerai de lire le chapitre XVIII d'un livre intitulé : *L'armée française en 1867.*

II

Organisation tactique de l'escouade.

La puissance actuelle des armes à feu ne permettant plus à l'infanterie de combattre par fractions compactes, telles que bataillons et compagnies, sans s'exposer à des pertes considérables, et l'ordre en tirailleurs devenant par cela même le meilleur mode de combattre, il convient de constituer l'escouade en unité élémentaire de combat, comme elle est constituée en unité élémentaire pour le service intérieur. Il faut habituer l'escouade à se considérer comme une unité tactique distincte, ayant son action propre, et inculquer aux hommes qui la composent qu'ils doivent rester liés et agir de concert, soit pour marcher, soit pour exécuter les feux, soit pour se défendre contre la cavalerie, soit pour se défendre ou attaquer à la baïonnette.

L'escouade sera composée :

1° D'un caporal,

2° D'un nombre de soldats de première classe en rapport avec l'effectif de la compagnie,

3° D'une part proportionnelle des trois classes de tireurs de la compagnie.

La répartition des tireurs dans les escouades sera faite annuellement et, s'il y a lieu, au moment d'entrer en campagne.

Le plus ancien soldat de première classe commandera l'escouade en l'absence du caporal. Il sera exempt de corvées si le commandement dépasse vingt-quatre heures.

Les soldats seront disposés dans l'escouade ainsi qu'il suit :

1° Les soldats de première classe par ordre d'ancienneté,

2° Après, les autres soldats par ordre de mérite sur le tir.

La disposition par rang-taille sera abandonnée.

Tous les hommes de l'escouade, y compris le caporal, formeront trois groupes de tireurs. Le premier groupe se composera des meilleurs tireurs, le second groupe se composera des meilleurs tireurs après ceux-là ; le troisième groupe se composera du restant des tireurs.

Les trois groupes seront habituellement égaux.

L'existence de ces trois groupes doit être permanente, et chaque homme de l'escouade doit savoir dans quel groupe il est classé. La formation des groupes aura lieu toutes les fois qu'on répartira les tireurs des diverses classes dans les escouades.

Observations.

La répartition des tireurs des diverses classes dans les escouades est faite en vue d'avoir de bons tireurs sur tous les points d'une ligne de tirailleurs.

La formation des trois groupes de tireurs est faite en vue de ne faire ouvrir le feu à chaque groupe, soit en tirailleurs, soit dans toute autre formation qu'au moment où la distance et les dimensions du but se trouvent en rapport avec l'adresse des tireurs qui composent ce groupe.

La distinction permanente des groupes de tireurs permet de disposer à un moment donné de tel nombre de groupes de bons tireurs qu'il est nécessaire, pour les placer sur un point important, ou pour les faire agir en tirailleurs d'une manière spéciale.

III

Marche de front à files doublées.

Actuellement on ne fait doubler les files que pour la marche de flanc. Il sera très-avantageux de les faire doubler aussi pour toute marche de front au pas de route et dans les marches à travers les terrains naturels. Cette disposition permettra à la troupe de marcher commodément.

Rien ne fatigue davantage les hommes qu'une marche de front coude à coude. La moindre déviation du guide occasionne des poussés ou donne lieu à des ouvertures dans les files. Les hommes sont constamment ballottés et assujettis à un va-et-vient qui les épuise bien plus que la route elle-même. La marche coude à coude, si difficile à obtenir sur un champ de manœuvre, est impossible sur un terrain naturel, où une foule de petits accidents obligent à chaque instant, soit le guide à varier sa direction, soit les files à s'ouvrir pour les éviter.

Les files étant doublées, les hommes se trouvent sur quatre rangs. Chaque homme prendrait soixante-dix centimètres de distance de celui qui précède au commandement de :

Pas de route,

MARCHE.

Il serrerait à la distance de quarante et un centimètres au commandement de :

Pas accéléré,

MARCHE.

Il serrerait à la distance de trente-trois centimètres au commandement de :

HALTE.

Les files ne seront jamais dédoublées qu'au commandement de :

Dédoublez les files,

MARCHE.

C'est-à-dire que la troupe passera de la marche de front à la marche de flanc et réciproquement sans dédoubler. Les files resteront également doublées au commandement de : HALTE ou de FRONT.

La manœuvre du doublement et du dédoublement des files à chaque *à droite* ou *à gauche,* est celle qui embarrasse le plus les soldats ; ils la font difficilement sans se tromper. La marche à files doublées lève cet inconvénient.

La marche à files doublées aura lieu en colonne

comme en bataille. Quand la colonne sera par section ou par demi-section, les officiers et les serre-files se porteront sur le flanc de la colonne.

Dans un passage étroit on pourra réduire de moitié le front des subdivisions en faisant serrer les files, de manière que les hommes se trouvent coude à coude. On commandera :

A gauche (ou *à droite*) *serrez les files,*

MARCHE.

Le passage étant franchi, on commandera :

A gauche (ou *à droite*) *ouvrez les files,*

MARCHE.

Ce mouvement réduit le front de la troupe comme si l'on rompait les subdivisions, et il est plus court et plus simple que ce dernier.

Dans ce passage, où il ne sera nécessaire de réduire le front de la troupe que de quelques files, les files des ailes serreront d'elles-mêmes pour éviter l'obstacle, et s'espaceront de nouveau dès que l'obstacle sera franchi. Le mouvement de mettre des files en arrière devient donc inutile, et peut être supprimé.

Toutes les manœuvres des lignes et des colonnes, telles que ploiements, déploiements, formations en bataille, etc., peuvent être faites à files doublées.

Afin que les hommes du premier rang puissent conserver les intervalles, on doit leur permettre de regarder du côté de la direction.

Au surplus l'irrégularité momentanée des intervalles, surtout en colonne, est sans importance ; on les rétablira en arrêtant la troupe. L'essentiel est que les hommes marchent commodément en route. Fatiguer le soldat en le soumettant à une marche constamment difficile et contrainte, c'est gaspiller des forces qui feront défaut au combat.

Du reste, la troupe se trouve en position d'exécuter les feux sur quatre rangs, que les intervalles soient ou non conservés.

Ce qui vient d'être dit concerne uniquement les marches faites sur les routes, les terrains unis et en dehors du feu de l'ennemi. Dans des terrains coupés, difficiles et sous le feu de l'ennemi, il est impossible d'exécuter aucune marche régulière.

Dans ce cas les files et les rangs se confondent immédiatement, et chaque peloton devient, en quelque sorte, une bande désordonnée que le chef ne réussit pas toujours à maîtriser et à diriger.

On obtiendrait un ordre convenable et le chef resterait toujours maître de sa troupe en adoptant les dispositions suivantes :

1° Ne pas demander aux hommes qu'ils marchent par rangs et par files, ce qui est impraticable ; mais exiger rigoureusement que chaque homme reste à son escouade, et que chaque escouade forme toujours un groupe distinct.

2° Prescrire à chaque chef d'escouade de conserver le commandement direct et permanent de son escouade et de la diriger de manière à la maintenir à la place qui lui est assignée dans le peloton. Lui prescrire aussi de s'assurer à tout instant de la présence des hommes de son escouade, et de rendre immédiatement compte de ceux qui viendraient à manquer par une raison quelconque.

3° Prescrire aux chefs de sections et de demi-sections de conserver le commandement direct et permanent de leurs subdivisions respectives, de manière à pouvoir toujours les maîtriser et les diriger.

Par ces dispositions le chef de peloton serait toujours sûr d'avoir son peloton sous la main. La marche présenterait un certain décousu, mais ce décousu serait plus apparent que réel, et n'engendrerait jamais aucun désordre sérieux. Dans le cas où il y aurait urgence à faire ouvrir immédiatement le feu, le chef de peloton prescrirait aux escouades d'exécuter, chacune pour son compte, le feu à volonté, soit en reformant les rangs, soit en prenant position dans l'ordre où elles se trouvent.

Ce qui affaiblit et désorganise le plus une troupe dans une bataille longue et meurtrière, c'est l'abandon des rangs fait clandestinement par beaucoup d'hommes dans le but de se soustraire aux dangers du combat. On évitera ou du moins on réduira de beaucoup ces désertions individuelles en soumettant chaque homme à la surveillance permanente et *de visu* de son chef d'escouade.

La puissance des armes actuelles ne permet plus de se présenter en ordre serré sous le feu de l'ennemi; mais si cela devient indispensable, l'adoption de ces dispositions me semble le seul moyen de contenir et de diriger la troupe.

IV

Défense d'une troupe contre la cavalerie.

Une troupe sur quatre rangs, quelle que soit sa force numérique, se trouve aujourd'hui dans les meilleures conditions de défense contre la cavalerie, et elle doit conserver ou prendre cette formation, et non se former en carré ou en colonne contre la cavalerie, pour repousser n'importe quelle attaque de cavalerie.

Une troupe sur quatre rangs peut utiliser tout son feu; il n'en est pas de même quand elle est en carré ou en colonne contre la cavalerie. De plus, ces deux dernières formations donnent beaucoup de prise à l'artillerie.

Étant sur quatre rangs, une troupe peut faire face en avant et en arrière. Elle peut défendre ses flancs en mettant les subdivisions des ailes en potence sous un angle d'environ quarante-cinq degrés. Les sous-officiers des subdivisions, qui constituent les flancs de la troupe, se placeront à côté et en arrière des files extrêmes de ces subdivisions. Les officiers se placeront à genoux contre le quatrième rang toutes les fois que ce rang devra faire feu en arrière.

Une colonne attaquée par la cavalerie sur l'un ou l'autre flanc se formera en bataille et fera face du côté de l'attaque. Si elle est attaquée en tête ou en queue, la subdivision de tête ou de queue restera sur place et ouvrira immédiatement le feu; les autres subdivisions déboîteront de la colonne jusqu'à ce qu'elles soient démasquées, et ouvriront également le feu. Les subdivisions impaires déboîteront par le flanc droit, et les subdivisions paires déboîteront par le flanc gauche.

Une colonne agira de la même manière devant une attaque subite d'infanterie.

En général, devant une attaque de l'ennemi, il ne faut pas manœuvrer, il faut ouvrir immédiatement le feu, et les subdivisions attaquées doivent ouvrir le feu sans attendre des ordres supérieurs.

Observations.

Une troupe de front à files doublées se trouve sur quatre rangs, et peut exécuter les feux dans cette position, au lieu de dédoubler les files. Les hommes, ayant de grands creneaux, n'éprouvent aucune gêne dans leur tir.

Si l'on avait besoin d'exécuter des feux sur quatre rangs en occupant moins d'espace, on n'aurait qu'à faire serrer les files par le flanc droit ou le flanc gauche. Ce mouvement est plus prompt et plus facile que celui de doubler les sections.

V

Défense contre la cavalerie d'une ligne de tirailleurs.

Le règlement de 1869 sur les manœuvres d'infanterie admet le ralliement par escouades, par demi-sections, par sections, et le ralliement sur le soutien. Il laisse au chef de la ligne de tirailleurs le soin

d'apprécier lequel de ces ralliements il convient d'exécuter.

Ce règlement suppose bien à tort que le chef de la
ligne est un grand tacticien, et qu'il saura mieux
décider que ceux qui l'ont fait quelle espèce de ralliement il devra ordonner devant une attaque de cavalerie.

S'ils sont tous bons, il faut s'en tenir invariablement au plus simple et au plus rapide, au ralliement
par escouade.

Si celui-ci n'est pas suffisant, il faut l'exclure absolument et adopter invariablement le ralliement par demi-
sections.

Si ce dernier suffit, il est inutile de s'occuper des
autres, qui sont des manœuvres plus longues.

Le même règlement qui prescrit la formation des
escouades sur deux rangs dans les rassemblements, ne
l'ordonne pas dans les ralliements. Cette lacune, si
c'en est une, laisse des doutes sur la manière de former
les escouades en demi-cercle, et donne lieu à une certaine confusion quand on n'exige pas la formation sur
deux rangs.

La disposition en demi-cercle permet sans doute de
faire rayonner des feux dans diverses directions et de
flanquer les groupes voisins, mais elle diminue beaucoup les feux de front, qui sont les plus importants.

Je crois que le ralliement par demi-sections est
actuellement suffisant pour faire feu à n'importe
quelle attaque de cavalerie, et je m'en tiendrai uniquement à celui-là.

Je le fais exécuter de la manière suivante :

Au commandement de *Ralliement* par *demi-sections,* fait par le chef de la demi-section ou par tout autre chef supérieur, la demi-section se ralliera, sauf indication d'un autre point, sur son centre, c'est-à-dire sur l'homme de droite de l'escouade paire. L'homme de gauche de l'escouade impaire se portera à côté de l'homme de droite de l'escouade paire, et les hommes de chaque escouade se placeront sur quatre rangs à mesure qu'ils arriveront, sans avoir égard à l'ordre primitif. Les caporaux veilleront à la formation de leurs escouades, et se placeront ensuite sur les flancs.

Le sergent et les officiers se placeront derrière le quatrième rang.

Si le terrain présente un obstacle de nature à arrêter la cavalerie, la demi-section sera portée ou sera ralliée contre cet obstacle.

Ce ralliement se fait rapidement et sans confusion, et il permet à la troupe d'utiliser tout son feu. Le quatrième rang ne fera face en arrière et les files extrêmes ne feront par le flanc que sur l'ordre du chef qui commande le petit carré. Ce rang et ces files seront mis face en tête par le même chef, pour faire feu sur la cavalerie dès l'instant qu'elle s'éloignera. Les petits carrés qui ne seront pas directement menacés modifieront leur direction de manière à flanquer ceux qui sont attaqués. Si le quatrième rang est obligé de faire feu en arrière, les officiers se placeront momentanément à genoux devant ce rang.

Une ligne de tirailleurs ralliée comme il vient d'être

dit n'a rien à redouter de n'importe quelle attaque de cavalerie. Chaque petit carré est une masse compacte, d'un front peu étendu, et pouvant fournir un feu considérable dans tous les sens. De plus, il se trouve flanqué par les carrés collatéraux de la ligne.

Il ne faut pas oublier que les petits carrés sont relativement plus forts que les grands carrés. Ceux dont il est question ont cet autre avantage que l'artillerie ne peut y produire un désordre de nature à diminuer sensiblement leur défense contre la cavalerie. L'artillerie pourra leur faire subir des pertes plus ou moins grandes, mais les vides seront immédiatement fermés en serrant les files, et les hommes restants présenteront toujours une petite masse compacte.

Le feu produit sur la cavalerie deux effets différents. En premier lieu, il est meurtrier, et par là il désorganise les charges et les empêche d'aboutir ; en second lieu, il effraie tellement les chevaux, qu'il est impossible aux cavaliers de les pousser sur les rangs de la troupe. Les chevaux font demi-tour ou pasesnt à distance de la troupe qui fait feu. Il y a très-peu de chevaux qu'on pourrait pousser jusqu'à portée de sabre sur un groupe de quatre hommes faisant simplement feu à poudre.

Il faut ajouter que l'infanterie peut aujourd'hui ouvrir le feu sur la cavalerie à la distance de mille mètres, et qu'à cette distance les bons tireurs peuvent lui faire subir des pertes sensibles, si elle se présente en grandes masses.

La nouvelle école de tirailleurs a réalisé un grand

progrès : 1° en adoptant le déploiement par groupes d'escouades, 2° en prescrivant aux tirailleurs de profiter de tous les accidents de terrains pour se défiler sans avoir égard à l'alignement général et à la régularité des intervalles, et de se coucher à défaut d'accidents de terrain.

VI

Des Feux.

PREMIER PRINCIPE. — Sauf le cas où l'on doit cacher sa présence à l'ennemi, une troupe doit. sans attendre aucun ordre supérieur, ouvrir le feu dès que l'ennemi est à portée d'être atteint, et elle doit le cesser dès que l'ennemi se trouve hors de cette portée.

DEUXIÈME PRINCIPE. — Sauf le cas où il y a nécessité de ménager sévèrement ses munitions, on doit tirer sur l'ennemi quand on a des chances de l'atteindre en moyenne cinq fois sur cent. Si les appréciations fondées sur les règles de tir ne permettent pas d'espérer cette moyenne, il sera généralement préférable de garder ses munitions.

TROISIÈME PRINCIPE. — Les probabilités d'atteindre l'ennemi dépendent, d'un côté, de la distance à laquelle il se trouve et des masses qu'il présente ; d'un autre côté, de l'habileté des tireurs. Dès lors, pour obtenir une moyenne de cinq pour cent à telles distances et sur telles masses, le feu devra être exécuté, soit uniquement par les tireurs des premiers groupes des escouades, soit par les tireurs des deux premiers groupes, soit par les tireurs des trois groupes à la fois.

Ces principes me paraissent pouvoir être appliqués d'après la règle indiquée dans le tableau suivant :

ÉTENDUE DU BUT.	Distances auxquelles les divers tireurs pourront ouvrir le feu avec probabilité d'atteindre le but au moins 5 fois sur 100.		
	1er groupe de l'escouade à	2e groupe de l'escouade à	3e groupe de l'escouade à
	Mètres.	Mètres.	Mètres.
Sur des lignes et des masses d'infanterie, de cavalerie et d'artillerie.	1000	900	800
Sur une masse équivalant à un peloton d'infanterie..........	900	800	700
Sur des groupes d'infanterie et sur un cavalier isolé.............	800	700	600
Sur un peloton d'infanterie à genoux.	700	600	500
Sur une ligne de tirailleurs dont les hommes sont à découvert et tirent debout	400	350	300
Sur un peloton d'infanterie couché, sur un homme isolé debout, sur une ligne de tirailleurs dont les hommes sont à découvert et tirent à genoux	350	300	250
Sur une ligne de tirailleurs dont les hommes sont défilés ou tirent couchés	300	250	200

Les hommes d'une maladresse exceptionnelle et ceux dont les armes seraient reconnues défectueuses comme justesse, ne seraient admis à tirer que sur des masses rapprochées. Leurs munitions, ainsi que celles des hommes dont les armes ne seraient pas en état de faire feu, seraient données aux tireurs du premier groupe de leurs escouades à mesure que les leurs s'épuiseraient.

Quand l'arme d'un bon tireur devient défectueuse, on doit immédiatement la lui échanger avec celle d'un mauvais tireur de la même escouade.

Toutes les distances au delà de deux cent cinquante mètres devront être indiquées à la troupe par les officiers et les sous-officiers.

L'appréciation des distances étant la base fondamentale d'un bon tir, il serait nécessaire que tous les officiers fussent pourvus d'instruments propres à cette appréciation. Au delà de trois cents mètres, les appréciations à la vue sont faites avec des erreurs considérables par presque tout le monde.

Ces généralités établies, voici comment une troupe en tirailleurs exécutera les feux.

Feux de pied ferme. — Pour l'exécution des feux de pied ferme, quand l'ennemi fait lui-même feu, les tirailleurs seront toujours couchés ou défilés.

Il a été dit que chaque escouade avait sa part proportionnelle de tireurs de toutes les classes, et qu'elle était partagée en trois groupes égaux. En conséquence, suivant la distance de l'ennemi et l'étendue du but qu'il présente, les chefs d'escouade feront exécuter le feu, ou par les tireurs du premier groupe seulement, ou par les tireurs des deux premiers groupes, ou par tous les hommes à la fois. Ils feront cesser et recommencer le feu par tels ou tels tireurs suivant les variations des distances et des masses ennemies.

Par cette méthode on aura un tir très-efficace aux plus grandes distances par l'action des meilleurs tireurs, et on évitera tout gaspillage de munitions de la part des mauvais tireurs. Les officiers et les sous-officiers veilleront à ce qu'elle soit rigoureusement suivie.

Feux en marchant. — En principe, il faut s'abstenir de toute espèce de feux en marchant. Ces feux ont le double inconvénient de tenir longtemps la troupe à découvert sous le feu de l'ennemi et de manquer de justesse. Un homme qui se sent exposé de tout son corps aux coups de l'ennemi, et qui doit à la fois tirer, charger et marcher, ne mettra jamais, quoi qu'on fasse, le temps voulu pour bien viser.

Une ligne de tirailleurs qui agit dans un terrain découvert sous le feu de l'ennemi, qu'elle doive marcher en avant, en retraite ou par le flanc, a tout avantage à parcourir au pas de course des distances successives, à s'abriter ou à se coucher au bout de chaque course, et à ouvrir à son tour le feu sur l'ennemi. Le feu durerait plus ou moins longtemps dans chaque position. Il cesserait au signal donné par les chefs des subdivisions de parcourir une autre distance.

Chaque chef d'escouade apprécie la course que doit faire son escouade, de manière à l'arrêter le plus à couvert possible. Chaque escouade devra se mouvoir sans aucune considération d'ensemble et d'alignement général.

Un homme qui court est plus difficile à viser, et en tout cas, pour un espace donné à parcourir, il reste moins longtemps à découvert sous le feu de l'ennemi.

Si le terrain est couvert et accidenté, la ligne des tirailleurs, au lieu de se mouvoir par courses successives, marchera d'une manière continue ; seulement, chaque tirailleur ira d'arbre en arbre, en se courbant, s'il peut se défiler de cette manière, et au pas de course, s'il ne le peut pas. Parvenu au nouvel abri, s'il aperçoit l'ennemi à bonne portée, il ouvrira le feu et le continuera sans bouger jusqu'à ce que l'ennemi se soit caché ou retiré.

Si l'ennemi agit par embuscades successives, chaque escouade se fait précéder par deux ou trois éclaireurs. Ceux-ci marchent d'abri en abri, comme il a été dit plus haut, et dès qu'ils découvrent l'ennemi, ils prennent position et ouvrent le feu. L'escouade, ainsi prévenue, en fait autant et continue le feu jusqu'à ce que l'ennemi abandonne sa position. A moins d'un ordre positif du capitaine, les tirailleurs ne doivent jamais marcher à la baïonnette. Si exceptionnellement les tirailleurs doivent marcher à la baïonnette, ils se groupent par escouades, en marchant de manière à agir par petites masses compactes.

Observations.

Le règlement de 1869 fait exécuter tous les feux au commandement du chef de la ligne des tirailleurs.

Cette disposition me paraît peu praticable à la guerre par les raisons suivantes :

1° Si la ligne de tirailleurs a quelque étendue, celui qui la commande ne saurait ni bien se faire entendre, ni bien juger si telles ou telles fractions de la ligne doivent ou ne doivent pas faire feu. Cela sera absolument vrai dans des terrains couverts. En principe, chaque escouade doit ouvrir le feu dès que l'ennemi est à bonne portée, et elle doit le cesser dès qu'il n'y est plus. Il n'y a que les chefs d'escouades de demi-sections et de sections qui se trouvent en position de bien juger s'il y a ou s'il n'y a pas lieu de faire feu. Ces chefs seuls doivent donc commander et arrêter le feu.

2° En faisant exécuter les feux en marchant en avant et en retraite au commandement du chef de la ligne, toutes les escouades sont tenues de s'arrêter et de se mettre en marche au même instant. Il arrivera donc que des escouades seront arrêtées sur des points n'offrant aucun abri, quand elles pourraient trouver un abri un peu plus en avant, et que d'autres escouades seront obligées de quitter un bon abri pour être arrêtées à découvert un peu plus loin.

A mon avis, le commandant de la ligne ne doit diriger que les mouvements généraux; les détails relatifs aux feux et à la manière de marcher doivent être laissés aux chefs secondaires.

VII

De la puissance relative d'une ligne pleine sur deux rangs et d'une ligne de tirailleurs à deux mètres d'intervalle.

Soit un bataillon sur deux rangs. Si on dédouble ce bataillon, on aura deux lignes sur un rang. Si on dédouble les deux lignes sur un rang, on aura quatre lignes de tirailleurs à un mètre d'intervalle mesuré du milieu des pieds des hommes, c'est-à-dire d'axe en axe. Si on dédouble encore ces quatre lignes, on aura huit lignes de tirailleurs à deux mètres d'intervalle mesurés également d'axe en axe. Si on mesurait la distance des coudes des tirailleurs, cette distance serait, dans le dernier cas, de un mètre cinquante centimètres, au lieu d'être de deux mètres.

Le dédoublement qui vient d'être fait montre que la ligne sur deux rangs est numériquement huit fois plus forte que la ligne de tirailleurs à deux mètres d'intervalle.

Sa puissance est donc huit fois plus grande sous ce rapport.

Mais cet avantage disparaît par les circonstances suivantes :

1° La ligne sur deux rangs ne présente pas de vide dans son développement et offre un but d'une certaine élévation, soit qu'elle soit debout, soit qu'elle soit à genoux. Elle offre donc une grande prise au tir des tirailleurs.

La ligne des tirailleurs, au contraire, ne présente que des hommes isolés, et ces hommes peuvent tous se coucher pour faire feu. Elle offre donc un but très-limité à la ligne sur deux rangs.

2° Les hommes de la ligne sur deux rangs sont gênés dans leur tir par leurs voisins; de plus, la fumée résultant du feu d'une telle ligne les empêche de bien viser.

Les tirailleurs ne sont gênés ni par leurs camarades, ni par la fumée. Ils viseront toujours bien sous ce rapport.

3° Les hommes de la ligne sur deux rangs offrent un but perpendiculaire à la ligne de tir, et, par cette raison, toute balle qui les atteint avec une certaine force pénètre profondément.

Les tirailleurs couchés n'ont en saillie que l'épaisseur de la tête et des épaules. Quant aux balles qui les atteindront au delà des épaules, elles ne feront généralement que des meurtrissures ou des déchirures à la peau, parce que, au lieu de pénétrer dans les chairs, elles se relèveront comme elles le font sur un terrain horizontal. De plus, les tirailleurs peuvent profiter, pour se défiler, du moindre accident de terrain. Il faut ajouter que la ligne de tirailleurs manœuvre plus rapidement que la ligne sur deux rangs.

Ces diverses circonstances me paraissent annuler la puissance numérique de la ligne sur deux rangs. Je crois que la ligne de tirailleurs, bien conduite, finirait par faire céder la ligne sur deux rangs, à moins que celle-ci n'abandonne cette formation pour agir à son tour en tirailleurs.

Il résulte de ce qui précède, qu'une ligne sur deux rangs peut être avantageusement transformée en huit lignes de tirailleurs à deux mètres d'intervalle placées les unes derrière les autres, pouvant se remplacer alternativement au combat et se servir mutuellement de réserve.

En généralisant et en étendant cette disposition à tout le front de bataille, on constitue un ordre de bataille uniquement composé de lignes de tirailleurs.

Quand une ligne de tirailleurs doit exceptionnellement marcher à la baïonnette, soit pour enlever une position, soit pour envelopper une colonne, soit pour cerner et couper un ennemi en fuite, les tirailleurs se groupent par escouade, chaque escouade agit comme unité constituée, et les hommes qui la composent doivent agir solidairement et se prêter un mutuel appui dans l'attaque comme dans la défense. Les escouades doivent rester liées entre elles et se prêter le même appui mutuel. Cette manœuvre est analogue à celle que les Prussiens pratiquent sous le nom d'*attaque à la baïonnette à la débandade* et d'*attaque à la baïonnette en tirailleurs*.

Il est bien de remarquer que l'attaque à la baïonnette d'une troupe sur deux rangs, telle que nous la faisons dans nos exercices, est absolument impraticable à la guerre. A la guerre les difficultés du terrain, la rapidité des mouvements, les émotions du combat deviennent des causes invincibles de confusion. Les rangs se confondent immédiatement, et la troupe se transforme en une bande désordonnée que le chef ne peut plus ni guider ni maîtriser.

Quelle que soit la formation première de la troupe, il y aura donc avantage à faire agir les escouades comme groupes distincts dans toute attaque à la baïonnette. Le commandement et la direction deviennent alors possibles, parce que tous les chefs secondaires, officiers, sous-officiers et caporaux, peuvent commander et diriger les fractions constituées auxquelles ils appartiennent suivant les ordres donnés.

VIII

De l'ordre de bataille.

La puissance actuelle des armes à feu exige une modification radicale dans la constitution de l'ordre de bataille.

Il faut aujourd'hui que l'ordre de bataille soit très-mince pour donner peu de prise aux projectiles ennemis, et très-profond pour avoir une consistance en rapport avec les masses de troupes que les armées modernes mettent en jeu.

Ces deux conditions, contradictoires en apparence, peuvent être conciliées en agissant par lignes de tirailleurs disposées les unes derrière les autres, et pouvant se soutenir et se relever mutuellement.

Je vais décrire un ordre de bataille ainsi constitué, et j'en ferai ressortir les divers avantages.

L'ordre de bataille comprend dans son ensemble toutes les troupes appelées à agir dans une bataille. Il se divise en deux parties distinctes :

La première partie se compose de troupes appelées à former les lignes de bataille qui doivent engager et soutenir l'action dans la première et principale période de la lutte. Appelons cette partie *le corps de bataille*. La seconde partie se compose des troupes destinées à secourir ou à remplacer partiellement la première, suivant les circonstances du combat ; elle constitue la *réserve de l'armée.*

Soit une armée composée de six corps d'armées ; chaque corps d'armée ayant deux divisions, chaque division ayant deux brigades, un bataillon de chasseurs, deux ou trois batteries d'artillerie et un régiment de cavalerie ; chaque brigade ayant deux régiments ; chaque régiment ayant trois bataillons ; chaque bataillon étant de 1000 hommes répartis en six ou huit compagnies. Chaque corps d'armée aura comme réserve spéciale une brigade de cavalerie et quatre batteries d'artillerie.

Ce sera une armée d'environ 200,000 hommes, tout compris. Son effectif en infanterie sera de 156,000 hommes avec les bataillons de chasseurs, et de 144,000 hommes sans ces bataillons.

L'ordre de bataille sera constitué ainsi qu'il suit :

1° Trois corps d'armée au corps de bataille ;

2° Trois corps d'armée à la réserve de l'armée.

Les corps d'armée qui doivent former le corps de bataille et ceux qui doivent former la réserve de l'armée seront désignés d'avance : ceux-ci marcheront derrière les premiers.

Les troupes du corps de bataille seront disposées de la manière suivante :

Chaque régiment se dirigera en colonne par division vers le terrain qui lui est assigné.

Avant d'entrer dans la sphère d'action de l'artillerie ennemie, c'est-à-dire à trois kilomètres au moins de cette artillerie, il s'arrêtera. Les trois divisions du premier bataillon se déploieront en tirailleurs par escouades, de manière à former trois lignes successives.

Après ce déploiement, la première ligne marchera en avant ; la seconde ligne la suivra après avoir pris 200 mètres de distance ; la troisième ligne suivra la seconde après avoir également pris 200 mètres de distance. Les bataillons sont supposés être à six compagnies.

Le second bataillon suivra à son tour après avoir pris 200 mètres de distance de la troisième ligne. Les divisions prendront aussi 200 mètres de distance de l'une à l'autre. Elles marcheront ou déployées en tirailleurs, ou serrées, suivant qu'elles seront ou ne seront pas atteintes par les projectiles de l'artillerie ennemie.

Le troisième bataillon suivra le second après avoir pris 200 mètres de distance de la troisième division de ce bataillon. Il restera en colonne sans distancer ses divisions.

Tout le système s'arrêtera quand la première ligne de tirailleurs engagera le feu de pied ferme contre l'ennemi, et il se remettra en marche pour suivre cette ligne, si elle gagne du terrain en avant.

Il y aura donc entre la première ligne de tirailleurs et le troisième bataillon une distance de 1200 mètres, et comme il faut admettre que l'artillerie ennemie sera obligée de se tenir au moins à 800 mètres de la première ligne de tirailleurs, pour n'avoir pas trop à souffrir de son feu, le troisième bataillon se trouvera à 2000 mètres de cette artillerie. Il y a lieu de supposer que l'artillerie ennemie ne tirera pas sur des troupes à cette distance, même dans un terrain complétement découvert. Si le terrain était couvert et présentait des abris, ces diverses distances seraient rapprochées.

Dans ces positions, le premier bataillon sera appelé bataillon engagé, le deuxième bataillon sera appelé bataillon de soutien, et le troisième bataillon sera appelé bataillon au repos. Les trois bataillons doivent passer alternativement par chacune de ces positions durant le cours d'une bataille.

En règle générale, la seconde et la troisième division du bataillon engagé seront déployées en tirailleurs et distancées à 200 mètres, si elles sont exposées au feu de l'infanterie ennemie; les trois divisions du bataillon de soutien seront également déployées et distancées à 200 mètres, si elles sont exposées au feu de l'artillerie ennemie; le bataillon au repos sera toujours hors de portée de toute espèce de feu. Mais il va sans dire que toutes les fois que les mouvements du terrain ou d'autres obstacles permettront de mettre ces diverses troupes à l'abri, on devra les laisser massées et les rapprocher le plus possible de la ligne de feu.

Si, en raison des efforts considérables qu'elles auraient à faire pour enlever ou conserver des positions importantes, certaines parties du corps de bataille devaient être constituées plus solidement que le reste, on prescrira que dans ces parties les intervalles des tirailleurs soient réduits au minimum. Au contraire, dans les parties du corps de bataille où la nature du terrain ne permet aucune lutte sérieuse avec l'ennemi, les intervalles seront portés au maximum, et même on laissera des solutions de continuité.

Dans les marches en avant en retraite et dans les changements de front des lignes de tirailleurs, chaque régiment recevra une direction particulière, indépendante de celles des régiments voisins. Cette direction sera donnée par chaque commandant de régiment d'après les instructions qu'il recevra des généraux.

Si, par suite des marches exécutées, l'espace que doit occuper normalement un régiment vient à s'agrandir ou à se restreindre, on rectifiera l'irrégularité en modifiant la direction si l'on doit continuer à marcher, et en faisant ouvrir ou resserrer les intervalles aux escouades si l'on doit s'arrêter. Chaque régiment, tout en se tenant dans les conditions de l'ordre général, se mouvera, agira et combattra comme une unité indépendante.

La marche en bataille d'une ligne d'une grande étendue, subordonnée à une seule direction centrale, comme celle qu'admettent nos évolutions de ligne, est possible sur un champ de manœuvre, mais elle est absolument impraticable sur le champ de bataille. Cela supposerait du reste que la ligne est droite avant le mouvement et doit rester droite après le mouvement, ce qui ne peut pas avoir lieu si l'on doit profiter des avantages du terrain et se conformer aux mouvements de l'ennemi.

Le bataillon de chasseurs, les batteries d'artillerie et le régiment de cavalerie (*réserve spéciale du général de division*) seront placés à tel endroit que désignera ce général. La brigade de cavalerie et les quatre batteries d'artillerie (*réserve spéciale du commandant du corps d'armée*) seront placées à tel endroit qu'indiquera ce chef. Dans les régiments des ailes, chaque ligne de tirailleurs flanquera celle qui la précède du côté où elle se trouve à découvert. Des tirailleurs isolés ou des escouades rassemblées n'ont qu'à modifier légèrement leur position pour diriger des feux dans toutes les directions. Il en serait de même pour un régiment isolé.

En principe, chaque ligne est la réserve immédiate de la ligne précédente.

Les ailes de la ligne devront toujours avoir, du reste, une protection immédiate de la part des réserves divisionnaires et même des réserves des corps d'armée. A cet effet, les bataillons de chasseurs, les batteries et la cavalerie des divisions extrêmes pourront être placées sur le flanc de la ligne, à la hauteur des bataillons de soutien. La cavalerie se tiendrait à quelques centaines de mètres en arrière des chasseurs et de l'artillerie, et enverrait des patrouilles au loin pour éclairer les flancs.

Dans le cas où les ailes viendraient à être menacées par des corps considérables, une protection plus puissante leur serait assurée par les troupes de la réserve de l'armée.

Les trois corps d'armée de la réserve de l'armée seront placés à tel endroit et de telle manière que désignera le général en chef. Un ou même deux de ces corps d'armée pourront, suivant les circonstances, devenir des corps d'opérations spéciales destinés à manœuvrer au large sur les flancs de l'armée, soit pour déjouer tout grand mouvement tournant de l'ennemi, soit pour tourner ou couper eux-mêmes l'armée ennemie, soit pour surveiller les garnisons des places fortes qu'on laisserait en arrière ou sur les flancs après une victoire.

Dans l'ordre de bataille qui vient d'être décrit, la réserve de l'armée est la moitié de l'effectif. Dans la tactique actuelle, cette réserve varie généralement du tiers au quart de l'effectif. Mais il faut remarquer que le corps de bataille est solidement constitué par neuf lignes de tirailleurs successives, ayant encore derrière elles des réserves divisionnaires et des réserves de corps d'armée, et que, malgré cela, le corps de bataille et la réserve de l'armée, dans leur ensemble, représentent à peine, comme profondeur, deux lignes et demie d'infanterie sur deux rangs. Il n'y a du reste rien d'absolu dans ces données, et l'on peut faire varier la profondeur de l'ordre de bataille, comme la proportion des troupes du corps de bataille et de la réserve de l'armée.

IX

De la ligne de bataille.

Qui doit déterminer la ligne de bataille? Comment doit-elle être déterminée? Comment doivent s'y porter et s'y placer les troupes?

La ligne de bataille doit être déterminée par le général en chef, quant au développement général de l'armée, et par tous les chefs secondaires, jusques et y compris les commandements de compagnies, dans la zone de terrain affectée à l'action de leurs troupes respectives.

Elle doit être déterminée par chaque chef d'après la configuration du terrain, de manière à ce qu'elle soit toujours un ensemble de positions avantageuses, et jamais une ligne mathématique, faisant abstraction des propriétés tactiques du terrain, comme celle qui est enseignée dans nos évolutions de ligne.

Le général en chef dira à chaque commandant de corps d'armée :

Vous vous étendrez de tel à tel point; vous occuperez telles positions importantes et toute autre position que vous jugerez convenable ; vous poursuivrez tel résultat.

Les généraux de division agiront de la même manière à l'égard de leurs généraux de brigade.

Ceux-ci en feront autant à l'égard des commandants des régiments ; et ainsi de suite jusqu'aux commandants de compagnies.

Les troupes se porteront sur le terrain qu'elles doivent occuper par telles directions et par telles espèces de marches que commanderont la nature du pays et les probabilités plus ou moins grandes d'une rencontre avec l'ennemi. Elles s'y établiront de manière à profiter de toutes les positions et de tous les abris qu'il pourrait offrir.

Pour se porter sur le terrain qui lui est assigné, un corps d'armée se divisera d'abord en colonnes de division. Les colonnes de division se diviseront en temps opportun en colonnes de brigade. Les colonnes de brigade se diviseront en temps opportun en colonnes de régiment. Les commandants de régiments disposeront leurs régiments sur le terrain, de la manière qui a été indiquée au chapitre précédent.

L'artillerie et la cavalerie se porteront par telle route et à tel endroit que désignera le général de division. Toutes ces colonnes, au lieu d'être astreintes à marcher à la même hauteur et à conserver des intervalles réguliers, recevront chacune une direction particulière, déterminée par la configuration du pays. Les généraux devront cependant les diriger de manière qu'à l'occasion elles puissent se flanquer et se protéger réciproquement. Ces directions seront données et suivies en se guidant sur les cartes particulières du pays, s'il y a lieu.

On doit renoncer absolument aux déploiements et

aux formations en bataille de nos manœuvres réglementaires.

Une ligne de bataille tactique, c'est-à-dire une ligne
de positions, ne saurait être assujettie à aucune direction particulière ; elle aura des saillants, des rentrants,
des solutions de continuité ; elle se développera tantôt
en ligne courbe, tantôt en ligne droite, tantôt en ligne brisée. D'ailleurs, dès que l'action est engagée, à
moins qu'on ne veuille se tenir sur une stricte défensive, elle variera à chaque instant, en tout ou en partie.
Mais ces variations devront elles-mêmes avoir lieu d'a-
près la méthode qui vient d'être exposée, sans jalon-
nages, sans alignements et sans manœuvres compassées. Si l'on veut bien réfléchir, la nature des choses
ne permet pas d'agir autrement à la guerre. Nos manœuvres réglementaires sont un enseignement militaire erroné, un contre-sens tactique. On se ferait
écraser si on les appliquait dans une bataille ; on serait déjà décimé avant d'avoir tiré un coup de fusil.

X

**Manière dont les troupes doivent, durant
tout le temps de la bataille, se remplacer
au combat, se nourrir, se reposer, s'ap-
provisionner, soigner les blessés, ramasser les armes et les effets de toute nature
laissés sur le terrain.**

Le chef du bataillon engagé a le commandement
tactique des trois lignes de tirailleurs formées par les
trois divisions de son bataillon.

Il suit toutes les péripéties de la lutte que soutient la ligne qui est au feu. Il fait relever cette ligne par la seconde, en entier ou par compagnie, sans attendre d'ordres supérieurs, toutes les fois que les pertes éprouvées ou l'épuisement des munitions l'exigent. La ligne relevée va prendre la place de la troisième, et celle-ci va prendre la place de la seconde. Le commandant du bataillon fait ainsi alterner les trois lignes jusqu'à ce que son bataillon soit remplacé au feu par le bataillon suivant. Dans le cas d'une attaque à la baïonnette faite par l'ennemi, il fait porter rapidement les deux dernières lignes au secours de la première.

Le commandant du régiment a le commandement tactique des trois bataillons de son régiment. Il suit toutes les phases de la lutte que soutient le bataillon engagé. Il fait relever ce bataillon par le bataillon de soutien toutes les fois que les pertes éprouvées ou l'épuisement des munitions l'exigent. Le bataillon relevé va prendre la place du bataillon au repos, et celui-ci va prendre la place du bataillon de soutien. Les bataillons alternent de la sorte jusqu'à la fin de la lutte. Si le bataillon engagé se trouve assailli par de fortes masses ennemies qu'il ne puisse contenir, le commandant du régiment fait marcher, sans attendre d'ordres supérieurs, les deux autres bataillons à son secours.

Si la lutte se continue longtemps sans déplacement important de la ligne de bataille, il faut, autant que possible, que le remplacement des bataillons ait lieu de manière à ce que le bataillon relevé ait assez de temps pour mettre ses armes en bon état, pour manger

**

et pour renouveler ses approvisionnements en munitions et en vivres.

Quand il y aura difficulté ou inconvénient à faire exécuter les mouvements des lignes de tirailleurs au moyen des commandements ou des sonneries, le chef de bataillon enverra ses ordres aux commandants des compagnies, ceux-ci les transmettront aux chefs de sections. Ces derniers feront exécuter à leurs troupes respectives les mouvements prescrits.

A la guerre et sous le feu de l'ennemi, il est presque impossible de faire mouvoir avec ensemble de grandes lignes de tirailleurs.

Pour manier et diriger ces lignes sans détruire le concert général et sans affaiblir l'action, il me paraît indispensable d'adopter les dispositions suivantes :

1° Établir que dans les manœuvres en tirailleurs la plus grande unité tactique sera la section : c'est la plus grande fraction constituée qu'un chef puisse commander à la voix et avoir toujours sous les yeux ;

2° Établir que chaque section en tirailleurs exécutera les mouvements prescrits d'une manière indépendante et pour son compte dès que les ordres relatifs à ces mouvements seront parvenus à son chef ;

3° Établir que les ordres relatifs aux mouvements à exécuter seront transmis verbalement ou par écrit à chaque chef de section par des sous-officiers ou des ordonnances, envoyées par les chefs de bataillons ou par les capitaines sous les ordres desquels se trouve la troupe.

Cette manière d'agir me semble la plus logique et la seule praticable à la guerre.

Les tirailleurs de la ligne de feu seront toujours couchés ou défilés. Il en sera de même pour ceux des deux autres lignes, et, en général, pour toute troupe en arrière qui aurait à souffrir des projectiles ennemis.

Sauf le cas d'épuisement des munitions, on évitera d'exécuter le remplacement des lignes sous un feu très-vif de l'ennemi.

Le bataillon engagé, en arrivant à la position de repos, formera les faisceaux et mettra les sacs à terre, fera et mangera la soupe ; les hommes auront soin de garder une portion de viande et du pain pour les manger dans le temps qu'ils passeront plus tard comme bataillon de soutien. Ce bataillon complétera ses approvisionnements en vivres et en munitions, et mettra ses armes en bon état. Les hommes pourront ensuite se reposer et dormir. En partant pour prendre la position de bataillon de soutien, les hommes emporteront leurs petits bidons pleins d'eau mélangée avec de l'eau-de-vie, du vin ou du café. Dans cette circonstance, la soupe sera faite avec du lard ou avec des aliments d'une prompte cuisson.

Tous les blessés du régiment se dirigeront sur le bataillon au repos ; ils seront guidés dans leur marche par les divisions échelonnées. Les blessés qui ne seraient pas en état de marcher seraient transportés sur des sacs tente-abri par les hommes de ces divisions d'échelon en échelon, jusqu'au bataillon au repos. Mais ils ne devront être enlevés de la ligne de feu qu'autant qu'on pourrait le faire à couvert et sans exposer ceux qui les transporteraient aux coups de l'ennemi. En tous cas, ces transports n'auraient lieu que sur l'ordre des officiers de section et par les plus mauvais tireurs. Quand l'enlèvement d'un blessé ne pourra pas avoir lieu immédiatement, ses camarades d'escouade lui appliqueront un bandage provisoire sur la blessure.

En entrant en campagne, chaque homme devra avoir dans son sac une certaine quantité de charpie et une bande pouvant faire deux fois le tour de son corps. Cet approvisionnement se ferait au moment du départ, dans chaque compagnie, avec les vieux linges de la compagnie, tels que sacs, blouses, pantalons de cuisine, torchons, et avec les vieilles chemises et les vieux caleçons des hommes. Ce matériel serait sans doute imparfait; mais, tel quel, il rendrait de grands services en permettant à chaque blessé d'avoir immédiatement un appareil sur sa blessure, et aux chirurgiens de ne jamais manquer des objets indispensables pour un pansement.

Les médecins du corps établiront une ambulance régimentaire en arrière et près du bataillon au repos. Ce bataillon leur fournira tous les hommes dont ils auront besoin pour le maniement des blessés, ainsi que le bouillon, les liquides et les aliments préparés qui leur seront nécessaires. A défaut de maisons ou de tentes du campement, les blessés seront placés sous des tentes-abris.

Des chirurgiens divisionnaires visiteraient successivement les ambulances régimentaires, et feraient, avec le concours des chirurgiens du corps, les opérations importantes que ceux-ci n'auraient pas cru devoir faire seuls.

A mesure que les blessés auraient reçu le premier pansement réclamé par leur état, l'administration divisionnaire les ferait prendre immédiatement et les dirigerait sur telle localité que désignerait l'autorité supérieure.

Cette manière d'agir est le seul moyen d'assurer des secours prompts et efficaces à tous les blessés. L'organisation actuelle des ambulances est insuffisante pour atteindre un tel résultat : l'expérience l'a démontré en toute circonstance.

A tel moment où ils pourront le faire sans danger et sans nuire à l'action militaire, les régiments, chacun sur son terrain, enterreront les morts et ramasseront les objets de toute nature abandonnés sur le champ de bataille. Ils remettront, sur reçu, à l'administration divisionnaire les objets laissés par l'ennemi, et ils donneront telle destination que de droit à ceux qui leur appartiendront.

Les médecins du régiment installeront leur ambulance à toutes les stations du bataillon au repos, soit qu'on marche en avant, soit qu'on marche en retraite. Un de ces médecins pourra se tenir à la tête du bataillon de soutien pour panser tout blessé dont l'état réclamerait un secours urgent.

Les approvisionnements en munitions, en vivres, etc., seraient portés jusqu'au bataillon au repos par les soins de l'administration divisionnaire.

Il est reconnu aujourd'hui que la viande de cheval

est très-saine et très-bonne, et que le préjugé seul l'exclut de l'alimentation. On devra donc recommander aux troupes d'utiliser immédiatement comme viande de boucherie tous les chevaux qui viendraient à être tués ou blessés sur le terrain où elles agissent. Cette viande serait en plus des rations réglementaires.

Dans le cas où le service de boucherie viendrait à faire défaut pour une ou plusieurs distributions, les généraux commandant les corps d'armée et les généraux de division devront faire abattre tel nombre de chevaux d'artillerie et de cavalerie qu'il sera nécessaire, en commençant par ceux qui seraient les moins propres à un bon service.

Avant tout, il faut bien nourrir les hommes qui combattent ; la question de dépense ne doit pas être considérée en pareille circonstance.

Tel qu'il vient d'être décrit, le corps de bataille est constitué de manière à pouvoir combattre durant plusieurs jours de suite, sans même discontinuer la lutte pendant la nuit, tout en assurant du repos et de la nourriture aux troupes qui le composent, et des soins immédiats aux blessés. C'est là un avantage énorme; car dans l'état actuel de la tactique, à la fin de la première journée, l'ennemi a besoin de cesser l'action pour prendre de la nourriture et du repos. Si on poursuit le combat toute la nuit, et si on le continue le lendemain sans répit, cet ennemi fléchira par épuisement et se mettra en retraite. On changera sa retraite en déroute en poursuivant à outrance.

XI

Manière de combattre.

Il faut interdire d'une manière absolue toute tentative d'attaque à la baïonnette et toute marche désordonnée en avant contre un ennemi qui a ouvert le feu ou qui se tient prêt à l'ouvrir à bonne distance.

Avec les nouvelles armes, ces manœuvres occasionneraient des pertes énormes et ne donneraient aucun succès.

Si l'ennemi est bien en force et garde ses positions malgré l'action du feu, il pourra être préférable, durant la première journée, de se tenir soi-même dans une sorte de défensive. Dans cette première journée, on ne se proposera pas pour but de chasser l'ennemi de ses positions, mais de le tenir constamment sous un feu nourri et efficace. A mesure que la nuit viendra, on rapprochera la ligne de feu, de manière à ce que les tirailleurs distinguent toujours l'ennemi, et on continuera le combat jusqu'au matin. Au jour, on donnera à l'action un caractère d'offensive pressante. Par des mouvements préparés la veille et exécutés la nuit ou à la pointe du jour, les corps de la réserve de l'armée tourneraient une aile ou les deux ailes, s'il y a lieu, de manière à pouvoir attaquer sur les derrières de l'ennemi à une heure plus ou moins avancée de la matinée du second jour.

L'ennemi, épuisé par une lutte de vingt-quatre heures, qui ne lui a permis ni de se reposer, ni de se nourrir, pressé de front et attaqué sur ses derrières, ne pourra que reculer en désordre. La retraite deviendra une déroute ; et si les corps tournants opèrent de manière à occuper rapidement ses lignes de communication, il éprouvera un désastre.

Les escouades se couvriront avec des tranchées-abris toutes les fois qu'elles auront le temps et les moyens de le faire. Les tranchées-abris seront faites par les mauvais tireurs quand il y aura nécessité de faire ouvrir immédiatement le feu aux bons tireurs.

La marche en avant des tirailleurs sous le feu de l'ennemi ne devra généralement avoir lieu que par courses successives plus ou moins longues et de manière à atteindre une bonne position plus loin. Après chaque course, les tirailleurs prendront position et ouvriront le feu ; ils ne partiront de nouveau que sur l'ordre du chef d'escouade ou de tout autre chef.

A moins d'ordres supérieurs, la première ligne de tirailleurs ne doit jamais quitter la position qu'elle occupe devant la marche en avant des lignes et des colonnes ennemies. Elle doit rester inflexiblement sur place, et à mesure que les lignes où les colonnes ennemies arrivent à bonne portée, elle doit donner à son feu toute la rapidité possible. Si l'ennemi se présente en plusieurs colonnes espacées, les parties de la ligne de tirailleurs qui ne seraient pas directement attaquées concentreraient leur feu sur les colonnes qui seraient le plus à leur portée. Un homme en tirailleur n'a qu'à changer légèrement la position de son corps pour tirer dans une direction oblique à la ligne de bataille.

Dans chaque escouade, le feu sera ouvert successivement, pour chacun des trois groupes de tireurs, d'après les règles indiquées au tableau de la page 23.

Dès que les lignes ou les colonnes ennemies (excepté les lignes de tirailleurs) tenteront de marcher à la baïonnette sur la première ligne de tirailleurs, les deux autres lignes de tirailleurs se porteront rapidement au secours de la première ligne et combineront leur action avec celle-ci, soit en ouvrant le feu, soit en combattant à la baïonnette par groupes d'escouades.

Le bataillon de soutien prendra également des dispositions d'attaque ou de défense d'après les circonstances du combat et la nature du terrain.

Toutes les fois qu'une ou plusieurs lignes de réserve se porteront sur la première ligne pour la secourir, la ligne fusionnée sera commandée, dans chaque fraction constituée, par le chef le plus ancien dans chaque grade. Les chefs correspondants resteront en sous-ordre jusqu'au moment de la séparation des lignes.

Dans l'intercalement des lignes, les escouades resteront toujours en groupes distincts et séparés. Dès que l'ordre de séparer les lignes et de les constituer dans leur état primitif sera donné, les chefs de fractions constituées reprendront le commandement direct de leurs troupes respectives, et exécuteront, chacun en ce qui le concerne, l'ordre donné.

L'artillerie divisionnaire, placée sur des éminences en arrière des deux premières lignes de tirailleurs, concentrera le feu de toutes ses pièces sur les masses assaillantes.

Il y a toute probabilité que l'ennemi sera obligé de s'arrêter dans le feu des trois premières lignes, et de reculer ensuite avec de grandes pertes. Mais en admettant que l'ennemi, engageant des masses considérables, fasse plier les trois premières lignes de tirailleurs, ces masses, en pénétrant dans le corps de bataille, auraient à essuyer sur leur front le feu des deux autres bataillons, et sur leurs flancs, les feux des régiments collatéraux, qui, en pareil cas, feraient également agir leurs bataillons de soutien et leurs bataillons au repos contre la colonne ennemie.

La colonne ennemie finirait par être écrasée et coupée. Au surplus, si c'était nécessaire, on ferait intervenir les réserves divisionnaires, de corps d'armée et de l'armée.

Dans le cas où l'on serait obligé de refuser une aile sous le feu de l'ennemi, pour se soustraire à un mouvement tournant, les régiments qui la composent s'échelonneraient en arrière en manœuvrant de la manière suivante :

Les trois divisions du bataillon de soutien se déploieront en tirailleurs sur place ; on aura ainsi six lignes de tirailleurs à deux cents mètres de distance l'une de l'autre.

La première ligne quittera sa position au pas de course, et ira prendre position à deux cents mètres en arrière de la sixième. La deuxième ouvrira le feu dès que la première l'aura traversée, et se retirera elle-même au pas de course au moment où l'ennemi sera parvenu à trois cents mètres ; elle ira se mettre en position à deux cents mètres en arrière de la ligne qui s'est déjà retirée. La troisième ligne agira ensuite de la même manière, et la manœuvre continuera ainsi jusqu'à ce que les régiments aient atteint la position qu'ils doivent occuper définitivement. Chaque régiment exécutera son mouvement d'une manière indépendante, mais il aura soin de s'arrêter à distance de flanquement de l'échelon qui le précède.

Si l'on devait exécuter une retraite générale, chaque régiment opèrerait, en particulier, de la manière qui vient d'être indiquée, sauf à conserver le lien qui doit toujours exister entre les divers éléments de la ligne, en vue de leur appui réciproque.

Les régiments pourraient opérer d'une manière analogue dans un changement de front en arrière.

Cette manœuvre serait très-meurtrière pour l'ennemi. On devrait encore l'employer dans le cas où l'on voudrait attirer l'ennemi dans une vallée qu'on domine par des positions latérales, afin de l'écraser ensuite par des feux croisés de front et de flanc.

La cavalerie ne devra jamais être engagée contre l'infanterie qui se défend de pied ferme ou qui bat en retraite en bon ordre. Elle sera exclusivement lancée contre une infanterie qui fuit en déroute, pour la couper et la faire prisonnière. Elle sera engagée contre la cavalerie ennemie à tout moment opportun. Elle sera chargée des reconnaissances au loin et du service des correspondances et des escortes. Quand la cavalerie devra faire des reconnaissances au loin dans un pays qui présente des défilés et des passages difficiles, on la fera opérer avec des bataillons de chasseurs. Ceux-ci occuperont les défilés et les passages difficiles, afin d'assurer un appui à la cavalerie, soit contre une autre cavalerie qui la poursuivrait, soit contre une infanterie qui voudrait la couper.

L'artillerie ne devra pas consommer ses munitions sur un ennemi qui n'offrirait qu'une faible prise à ses coups.

Mais elle agira de tout son feu :

1° Sur des masses profondes d'infanterie, de cavalerie ou d'artillerie qui se présenteraient à très-bonne distance;

2° Sur des masses ou des lignes ennemies qui s'avanceraient pour tourner une aile ou pour enfoncer la ligne de bataille sur un point donné ;

3° Sur une position où l'ennemi se serait retranché, telle que : un village, une ferme, etc., dont on veut s'emparer.

On ne devra jamais lancer des troupes, soit massées, soit en tirailleurs, contre de telles positions qu'après que l'artillerie aura bouleversé toutes les défenses accessoires et décimé, sinon chassé, les troupes qui les occupent. Agir autrement ce serait sacrifier inutilement l'infanterie. On doit d'ailleurs éviter d'attaquer de front toute position qu'on peut tourner.

L'artillerie ne devra jamais se placer en batterie dans la sphère d'action de l'infanterie ennemie. Elle se placera généralement sur des hauteurs entre les lignes du bataillon engagé ou entre les lignes du bataillon de soutien.

tirailleurs la protégeront contre toute attaque de l'ennemi ; elle n'aura besoin d'aucune troupe spéciale de soutien. Si elle se trouve dans une position un peu élevée, elle tirera par-dessus les tirailleurs. Si elle se trouve sur un terrain horizontal, on pourra faire serrer les intervalles aux tirailleurs pour lui faire une trouée. Si elle tire à de fortes distances, elle peut, même en terrain horizontal, tirer par-dessus les tirailleurs ; les boulets passent alors très-haut.

On serrerait encore les intervalles toutes les fois qu'il y aurait lieu de donner passage à la cavalerie.

XII

Des divers intervalles qu'on peut donner aux tirailleurs, et du développement qu'aurait le corps de bataille suivant ces divers intervalles.

Les plus petits intervalles qu'on puisse donner aux tirailleurs sont d'un mètre mesuré du milieu des pieds de deux hommes voisins, c'est-à-dire d'axe en axe ; mais les hommes seront alors très-serrés.

Pour se faire une idée exacte de ces intervalles, on n'a qu'à mettre une troupe sur un rang, coude à coude, et à faire ensuite avancer de quelques pas tous les numéros impairs. On aura ainsi deux lignes de tirailleurs espacés à un mètre d'axe en axe.

Les plus grands intervalles qu'on doive donner à des tirailleurs constituant une ligne de bataille sont, à mon avis, de quatre mètres d'axe en axe. Avec des intervalles plus grands la ligne deviendrait trop faible. Les meilleurs intervalles me paraissent devoir varier entre deux et trois mètres.

Il est bien entendu que, suivant la nature des terrains et des positions, les tirailleurs pourront être plus espacés sur un point et plus serrés sur un autre. La ligne pourra même avoir des solutions de continuité dans des vallées et dans des ravins susceptibles d'être défendus par des feux croisés dirigés des positions latérales.

L'instruction de 1862 sur l'école des tirailleurs fixait les plus petits intervalles à cinq pas ou trois mètres trente-trois centimètres, et les plus grands à dix pas ou six mètres soixante-six centimètres. Celle de 1869 ne fixe rien à ce sujet.

Comme on voit, les plus grands intervalles des tirailleurs constituant des lignes de bataille seront à peu près égaux aux plus petits intervalles de l'école de tirailleurs de 1862.

J'ai supposé une armée, ayant cent quarante-quatre mille hommes d'infanterie sans compter les bataillons de chasseurs, et divisée en six corps d'armée. (Les bataillons de chasseurs, devant être en réserve, ne sont pas compris dans ce calcul.)

J'ai placé trois corps d'armée à la réserve de l'armée et trois corps d'armée au *corps de bataille*. L'infanterie du corps de bataille s'élève donc à soixante-douze mille hommes.

Chaque régiment n'ayant sur la ligne de feu qu'une

division sur neuf, cette ligne de feu sera occupée par huit mille hommes.

Huit mille hommes espacés à un mètre occupent une étendue de huit kilomètres ou deux lieues; espacés à deux mètres, ils occupent une étendue de seize kilomètres ou quatre lieues ; espacés à trois mètres, ils occupent une étendue de vingt-quatre kilomètres ou six lieues; espacés à quatre mètres, ils occupent une étendue de trente-deux kilomètres ou huit lieues.

Donc, avec des lignes de tirailleurs dont les intervalles varieraient de un à quatre mètres, l'armée en bataille dans l'ordre que je viens de décrire aurait un développement variant de huit à trente-deux kilomètres ou de deux à huit lieues.

Si les neuf divisions de chaque régiment devaient être développées en ordre plein sur le front occupé par la première division en tirailleurs, la troupe se trouverait sur quatre rangs et demi si les tirailleurs sont espacés à un mètre, sur deux rangs et un quart s'ils sont espacés à deux mètres , sur un rang et demi s'ils sont espacés à trois mètres, sur un rang et un huitième s'ils sont espacés à quatre mètres.

Toutes les fois qu'il y aura lieu de faire occuper à un régiment une étendue plus considérable ou moins considérable, au lieu de faire ouvrir ou serrer les intervalles à la première ligne de tirailleurs, ce qui les obligerait à manœuvrer sous le feu de l'ennemi, on fera ouvrir ou serrer les intervalles à la seconde ligne, et celle-ci ira ensuite relever la première avec les intervalles voulus.

XIII

De la puissance relative de l'ordre de bataille qui vient d'être décrit et de l'ordre de bataille actuel.

Dans l'ordre de bataille actuel on agit avec des lignes sur deux rangs. On vient de voir qu'une ligne de tirailleurs à deux mètres d'intervalle est approximativement aussi puissante qu'une ligne sur deux rangs, quoique numériquement huit fois moins forte : donc l'ordre de bataille qui vient d'être décrit, opposant, à effectif égal, huit lignes de tirailleurs à deux mètres d'intervalle à une ligne sur deux rangs, développe approximativement huit fois plus de puissance que l'ordre de bataille actuel. Pour ne pas exagérer, admettons qu'il ne développe que deux fois plus de force : c'est déjà un grand avantage. De plus, dans l'ordre de bataille qui vient d'être décrit, on se repose, on se nourrit, on s'approvisionne, on soigne immédiatement les blessés, sans discontinuer ou affaiblir l'action un seul instant. C'est là un avantage énorme qui manque à l'ordre de bataille actuel.

Une condition du succès définitif, c'est que les troupes qui quittent la ligne de feu soient ralliées immédiatement, et que tous les hommes soient maintenus ou immédiatement ramenés à leur poste.

Dans l'ordre de bataille qui vient d'être décrit, les lignes qui quittent le combat sont immédiatement ralliées et forment le bataillon au repos. Aucun homme ne peut s'esquiver du combat, parce qu'il serait obligé de traverser un grand nombre de lignes placées en arrière et formées de subdivisions du même régiment. La désertion du combat serait donc immédiatement reconnue de ses chefs régimentaires. Pour qu'aucune désertion ne puisse avoir lieu, il suffira donc de prescrire aux régiments de ne permettre le séjour dans leurs rangs ou sur leur terrain à aucun soldat étranger, et de renvoyer sous escorte, à son corps, tout militaire qui s'y présenterait sans justifier d'une mission.

Cet avantage a également sa valeur. A Solferino, — je l'ai vu personnellement, — il y avait de quoi former des bataillons avec les hommes non ralliés ou qui avaient déserté le combat.

Un dernier avantage de l'ordre de bataille qui vient d'être décrit, c'est que les troupes engagées ont derrière elles des réserves du même corps et toujours prêtes à voler à leur secours. La seconde ligne de l'ordre de bataille actuel est composée non-seulement d'autres régiments, mais même d'autres brigades ou d'autres divisions. Les secours ne sauraient être ni aussi prompts ni aussi dévoués.

XIV

Dispositions générales pour la poursuite, en cas de défaite de l'ennemi.

En cas de défaite de l'ennemi, on le poursuivrait à outrance. On pourra prendre à ce sujet les dispositions suivantes :

1° Donner aux troupes pour deux ou trois jours de vivres et désigner le nombre et l'espèce des équipages qui devront marcher en avant;

2° La déroute de l'ennemi étant générale, le poursuivre au pas de charge sur tout son front avec les troupes du corps de bataille. Les corps de la réserve de l'armée iraient lui couper la retraite au loin.

L'encombrement et le désordre qui, au premier moment, ne peuvent manquer de régner sur la ligne de retraite de l'ennemi, doivent retarder beaucoup sa marche. Cette marche sera retardée encore davantage s'il a à traverser un point difficile, un défilé. On mettra donc à profit ces circonstances en poursuivant à outrance de front, et en opérant des mouvements enveloppants avec les troupes de la réserve. Une poursuite aussi puissante et aussi énergique ne peut pas manquer d'accabler l'armée ennemie, et on n'aura pas marché ainsi l'espace de sept à huit kilomètres, qu'elle aura perdu tous ses bagages et qu'elle sera presque entièrement détruite. Il va sans dire que si les circonstances permettent de couper la retraite à l'ennemi en allant occuper avant lui divers points importants de sa ligne d'opérations, on ne doit rien négliger pour la réalisation d'une pareille entreprise.

3° Laisser, à mesure qu'on avance, des bataillons et des escadrons destinés à ramasser et à surveiller les prisonniers, ainsi qu'à assurer les autres parties du service sur le champ de bataille et sur le terrain parcouru en poursuivant.

4° Si l'ennemi, en se retirant, occupe solidement certaines positions pour nous arrêter, les tourner et les dépasser, dût-on éprouver quelques pertes dans ces mouvements, en laissant toutefois à portée des troupes destinées à attaquer l'ennemi, s'il tente de quitter ces positions, soit pour opérer une retraite, soit pour nous attaquer en flanc ou par derrière quand nous marchons en avant. Les troupes ennemies qui occupent ces positions seront obligées de se rendre plus tard.

5° Ne faire que des repos de quelques minutes pendant la poursuite, quand même elle serait de cinq à six lieues. Les meilleurs soldats des deux armées pourront seuls résister à une pareille marche ; tout ce qui est faible et mauvais marcheur restera en arrière. Nous n'avons rien à perdre de notre côté, puisque nos hommes qui restent en arrière se rallient aux bataillons et aux escadrons que nous laissons de distance en distance, tandis que les hommes qui appartiennent à l'ennemi sont faits prisonniers et par conséquent perdus pour lui sans retour. Une poursuite aussi pressante empêchera tout ralliement de l'ennemi, et on le chassera constamment comme un troupeau. C'est au général en chef à apprécier quand il convient d'arrêter cette espèce de poursuite, qu'on peut appeler poursuite de combat, par la raison qu'elle n'est en définitive que la continuation de la bataille, qu'on poursuit en combattant et en conservant toujours l'ordre de combat. Ce genre de poursuite, où l'on marche à travers champs et où les hommes ne prennent ni repos, ni nourriture, ne peut durer qu'un certain temps. Elle doit cesser dès que l'infanterie ennemie a été forcée et écrasée. S'il y a lieu de continuer à poursuivre des troupes de cavalerie et d'artillerie qu'on n'aurait pu atteindre, il faut organiser des colonnes de marche et rentrer dans les règles ordinaires.

6° Désigner à l'avance les membres de l'intendance, les officiers généraux et les officiers supérieurs qui, avec les troupes laissées sur le champ de bataille et celles échelonnées sur tout le terrain que parcourt l'armée, doivent assurer l'exécution du service relativement aux prisonniers, aux blessés, aux morts et au matériel restés sur le champ de bataille et sur la route parcourue dans la poursuite.

Désigner la partie du personnel et du matériel d'administration qui doit rester sur le principal théâtre de l'action, celle qui doit être échelonnée sur la route parcourue, et celle qui doit suivre l'armée.

Pour ce qui concerne la force et la disposition des troupes à échelonner sur le terrain parcouru, il me semble qu'on pourrait établir un échelon, par division, tous les deux kilomètres, d'une force proportionnée aux blessés, aux morts, aux prisonniers et au matériel restés dans la zone afférente à chaque échelon. Les généraux jugeraient de la quantité et de l'espèce de troupes qu'il conviendrait de laisser. Les échelons pourront être, suivant le cas, d'une section, d'une compagnie, d'une division, d'un bataillon. Il va sans dire que si l'ennemi tient dans une position et qu'on laisse cette position en arrière, il faut laisser, indépendamment des troupes échelonnées, les troupes voulues pour le surveiller ou le combattre jusqu'à ce qu'il se rende. La mission de ces troupes échelonnées étant remplie, elles se concentreraient sur tels points qui leur seraient désignés.

Ces diverses dispositions permettent aux troupes qui ont poursuivi de ne pas revenir sur leurs pas pour remplir les devoirs impérieux que réclame un champ de bataille, et permettent au général en chef de poursuivre aussi loin et aussi énergiquement qu'il le désire le jour de l'action et les jours suivants.

XV

Campement en ordre de combat.

Le corps de bataille qui vient d'être décrit peut camper, après comme avant la lutte, dans l'ordre où il se trouve et sur place. Ce sera un campement en ordre de combat. Les ouvertures latérales qui existent aux ailes, par suite des distances de deux cents mètres que les lignes ont entre elles, pourront être fermées en faisant exécuter un changement de front perpendiculaire en arrière à toutes les compagnies extrêmes de ces lignes. Les flancs seraient alors couverts, comme le front, par une ligne de tirailleurs. On ferait ouvrir ou resserrer les intervalles aux escouades, de manière à ce que les compagnies occupent exactement l'espace qui existe entre les lignes.

Les latrines seraient placées entre les lignes au milieu de l'espace qui les sépare, c'est-à-dire à cent mètres de chacune.

Les demi-sections se rassembleraient sur leur centre et dresseraient les tentes sur place. L'espace existant entre les demi-sections serait suffisant pour permettre la circulation des voitures et de toute espèce de troupe, en tout sens.

On campera sans aucune préoccupation d'alignement général ou partiel, et sans s'astreindre à la conservation des distances et des intervalles donnés comme règles générales. On profitera le mieux possible du terrain.

Chaque compagnie de la ligne extérieure qui forme le front et ferme les flancs du corps de bataille fournira un petit poste de quatre hommes commandé par un caporal. Chaque petit poste sera placé de manière à éclairer le camp à environ deux kilomètres de distance. Il n'aura ni tentes ni feux, et il sera relevé, comme une sentinelle, toutes les heures ou toutes les deux heures, suivant l'état de la température et les exigences de la surveillance.

Les petits postes auraient pour consigne générale de

prévenir de l'apparition de toute espèce de troupe à l'horizon qu'ils observent. Ils auraient en outre des consignes particulières relatives aux étrangers et aux militaires qui voudraient franchir le cordon de surveillance.

Le placement et le service des petits postes seraient réglés par le commandant de chaque régiment.

Toutes les troupes se trouvant à leur place de combat, et n'ayant qu'à sortir des tentes et à prendre les armes pour être en mesure de faire face à toute attaque de jour ou de nuit, la surveillance des petits postes est suffisante pour mettre le camp à l'abri de toute surprise. Il sera donc inutile de placer des grand'gardes ; il suffira de faire exécuter, à des moments opportuns, des reconnaissances de cavalerie du côté des grandes voies de communication.

Un régiment isolé pourrait camper d'une manière analogue, excepté que le camp deviendrait un grand carré dont les quatre faces seraient formées par des lignes de tirailleurs. La première ligne de tirailleurs resterait sur place, opèrerait un rassemblement par demi-section, et formerait la première face du carré. Dans les lignes suivantes, y compris celles du bataillon de soutien, les compagnies de droite exécuteraient un changement de direction à droite et formeraient la deuxième face ; les compagnies de gauche exécuteraient un changement de direction à gauche et formeraient la troisième face. Le bataillon au repos avancerait de manière à ce que sa dernière division puisse former la quatrième face du carré. Cette division serait déployée en tirailleurs; les deux autres divisions resteraient massées dans l'intérieur du carré, et seraient une réserve disponible pour fournir des renforts à la face qui viendrait à être attaquée. Tous les équipages du régiment seraient dans le carré.

Tout campement massé présentera aujourd'hui de graves dangers. Le tir de la nouvelle artillerie sur des masses est efficace jusqu'à deux mille huit cents mètres, et son tir avec obus à balles est efficace jusqu'à quatorze cents mètres.

Il est impossible d'empêcher un ennemi entreprenant de s'approcher à l'improviste à ces distances d'un camp. Des troupes campées en ordre massé se trouveront donc constamment exposées à éprouver des pertes sérieuses par le feu de l'artillerie ennemie.

XVI

Résumé des principes généraux de cette tactique.

En résumé :

1° Devant l'ennemi et sous son feu, suppression de nos manœuvres mécaniques et compassées, qui sont impraticables dans les terrains accidentés, et qui aboutissent toujours à un déploiement en ligne droite, tandis que la disposition des troupes au combat doit être toujours basée sur les propriétés tactiques du terrain. Plus de masses, plus de lignes pleines.

2º Ne présenter à l'ennemi que des lignes de tirailleurs disposées les unes derrière les autres, se succédant alternativement au feu et se servant réciproquement de réserve.

3º Prédéterminer un ensemble de règles générales qui guident sans assujettir absolument, et dont les prévisions embrassent tous les faits généraux qui concernent l'action d'une armée sur le champ de bataille : déploiement, combat, mouvements en avant, mouvements en retraite, poursuite, campement, etc. Indiquer, comme règle générale, l'emplacement des divers éléments de l'ordre de bataille, les distances et les intervalles qu'ils doivent avoir habituellement ; mais admettre que chaque chef, dans la sphère de son propre commandement, tout en restant dans le rôle qui lui est assigné, aura la liberté de modifier ces dispositions d'après la nature du terrain et les circonstances du combat. En un mot, avoir de l'ordre et de la liberté dans l'ordre. C'est le meilleur moyen d'avoir de la force.

J'ai critiqué sans ménagements des manœuvres que je crois stériles, ce que blâmeront peut-être les officiers qui assimilent la critique des règlements existants à l'insubordination. Cependant, dans tout ordre de connaissances, la critique est la condition du progrès.

Pour être concis, j'ai développé les principes de cette tactique sous la forme d'une série de prescriptions. Cette forme n'est guère admise que dans la rédaction des règlements, et l'auteur qui l'emploie en dehors de ce genre, à moins que son nom ne fasse autorité,

***

s'attire généralement le reproche de montrer des prétentions déplacées.

Je prie le lecteur sérieux de vouloir bien me laisser pour compte les défauts de forme, et d'examiner seulement si la voie où je suis entré, en essayant de formuler des manœuvres de combat, ne devrait pas être suivie par tous ceux qui peuvent beaucoup mieux faire que moi sur cette importante question.

Tours, imprimerie de J. Bouserez.